CINQ CARTES
POUR JOINDRE A L'AUTRE CINQ CARTES

CINQ CARTES

COMPLÉMENTAIRES

POUR JOINDRE A L'ATLAS UNIVERSEL

DE MALTE-BRUN,

COMPOSÉ DE 75 CARTES.

AVIS AU RELIEUR

POUR LE PLACEMENT DE CES CINQ CARTES.

Europe en 1829................ après l'Europe en 1812.

France en 1829................ après la France en 1812.

Confédération Germanique en 1829... après les États de la Confédération du Rhin.

Royaume de Pologne en 1829....... après la Prusse et le Grand-Duché de Varsovie.

Royaume des Pays-Bas en 1829. .... après le Danemark, deuxième Carte.

PARIS,

AIMÉ ANDRÉ, LIBRAIRE, QUAI MALAQUAIS, N° 13.

1829

MER GLACI
ISLANDE
Cercle Polaire Arctique
Iles Feroer
NORVEGE
Christiania
STOCK
MER DU NORD
ILES BRITANNIQUES
Edimbourg
DANE
MER
ANGLETERRE
LA MANCHE
PARIS
BERLIN
DRESDE
Prague
FRANCE
G. de Gascogne
AUT
SUISSE
Berne
MER ADRIAT
ESPAGNE
Corse
PORTUGAL
LISBONNE
Iles Baleares
Minorque
Sardaigne
Mer de Sicile
Dt. de Gibraltar
MER
MER
Alger
Tunis
AFRIQUE

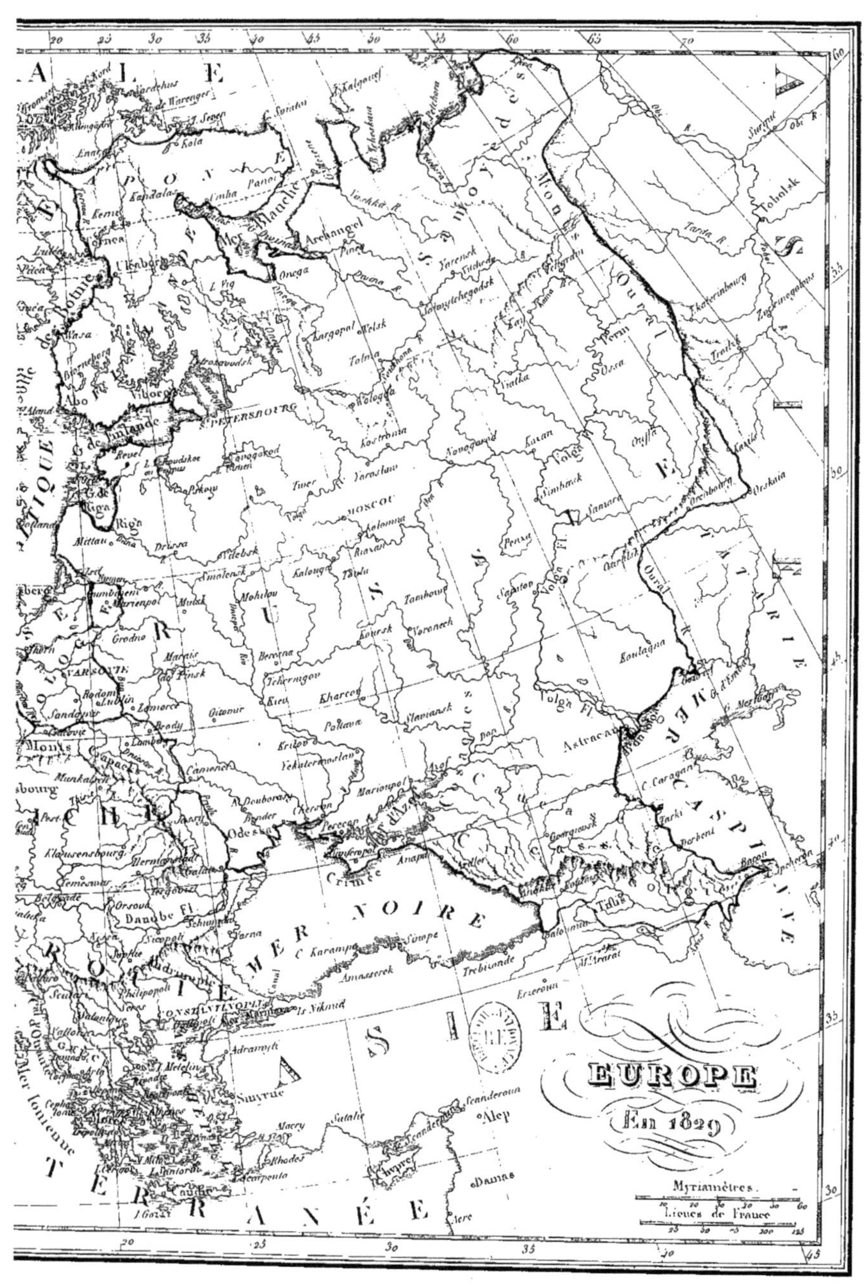

EUROPE
En 1829
Myriamètres.
Lieues de France
MER NOIRE
MER CASPIENNE
ASIE
MÉDITERRANÉE
RUSSIE
MOSCOU
ST PETERSBOURG
Archangel
Riga
Revel
Odessa
Crimée
Constantinople
Smyrne

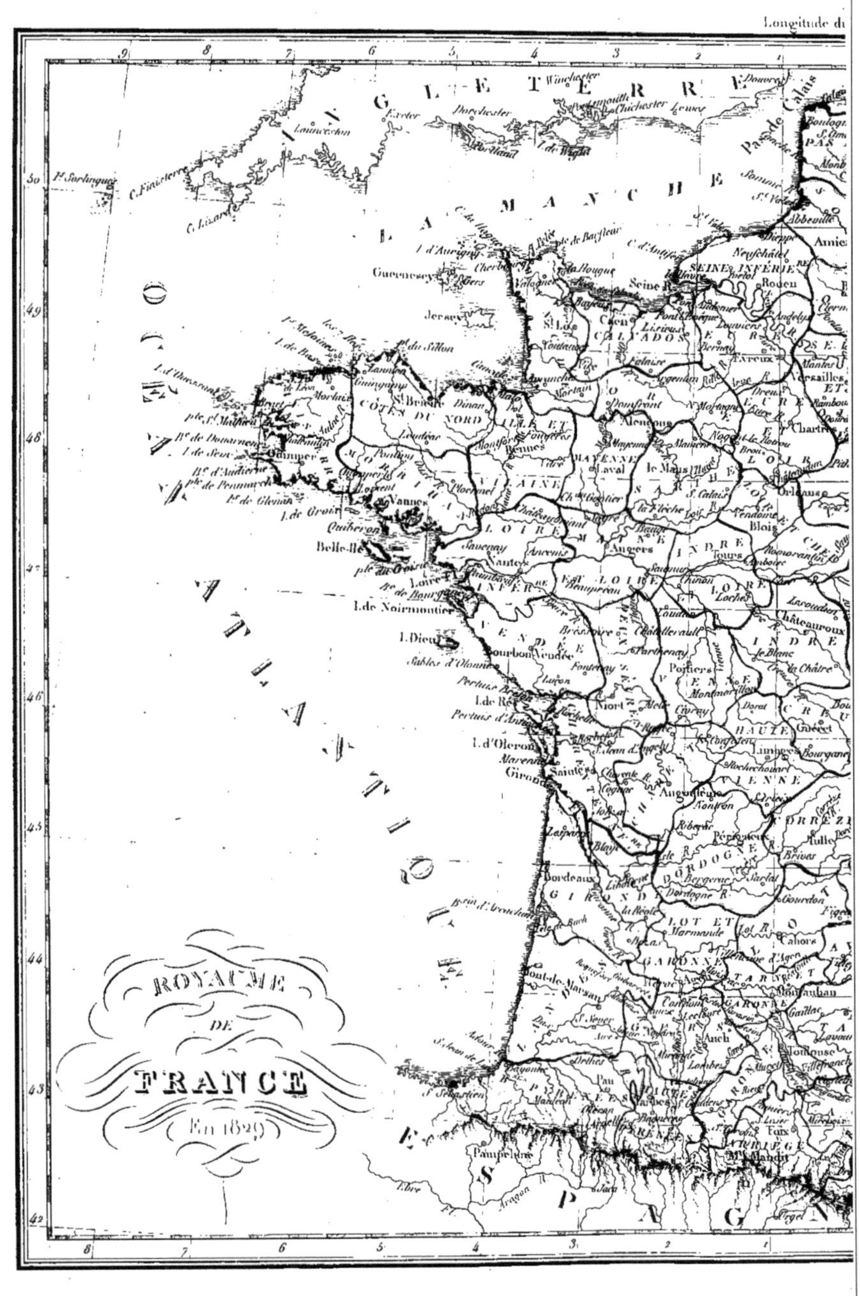
ANGLETERRE
LA MANCHE
OCÉAN ATLANTIQUE
ESPAGNE
ROYAUME DE FRANCE
En 1829
Pas de Calais
Boulogne
Abbeville
Amiens
Dieppe
Neufchâtel
SEINE INFÉRIEURE
Rouen
Évreux
EURE
Chartres
Versailles
Caen
CALVADOS
St Lô
Cherbourg
Guernesey
Jersey
I. d'Aurigny
MAYENNE
Laval
le Mans
Alençon
ILLE ET VILAINE
Rennes
St Brieuc
Dinan
CÔTES DU NORD
Guingamp
FINISTÈRE
Quimper
Lorient
Vannes
MORBIHAN
Belle-Ile
I. de Groix
Quiberon
I. de Noirmoutier
I. Dieu
Sables d'Olonne
VENDÉE
Bourbon Vendée
Fontenay
Luçon
I. de Ré
I. d'Oléron
LOIRE INFÉRIEURE
Nantes
Ancenis
Angers
MAINE ET LOIRE
Saumur
Tours
Loches
INDRE ET LOIRE
Châteauroux
INDRE
la Châtre
Le Blanc
Poitiers
VIENNE
Niort
DEUX SÈVRES
Parthenay
Châtellerault
Montmorillon
Saintes
Rochefort
Marennes
CHARENTE INFÉRIEURE
Angoulême
CHARENTE
Cognac
Confolens
HAUTE VIENNE
Limoges
Guéret
CREUSE
Périgueux
DORDOGNE
Bergerac
Sarlat
Brives
Tulle
CORRÈZE
Bordeaux
GIRONDE
Libourne
la Réole
Bazas
LOT ET GARONNE
Marmande
Agen
Villeneuve
Cahors
LOT
Gourdon
Figeac
Mont-de-Marsan
LANDES
Dax
St Sever
Bayonne
Pau
BASSES PYRÉNÉES
Oloron
St Jean de Luz
St Sébastien
Pampelune
Ebre
Aragon
GERS
Auch
Lombez
Lectoure
Condom
TARN ET GARONNE
Montauban
Moissac
HAUTE GARONNE
Toulouse
Villefranche
Gaillac
TARN
Foix
ARIÈGE
St Girons
Mt Maudit
Exeter
Dorchester
Portland
I. de Wight
Winchester
Portsmouth
Chichester
Lewes
Douvres
C. Finistère
C. Lizard
Les Sorlingues

ECHELLES.
Myriamètres.
1 2 3 4 5   10
Lieues communes de France.
5 10 15 20 25 30 35 40
Lieues marines.
5   10   15   20   25   30

GOLFE DE LION

MER MÉDITERRANÉE

Bouches de Bonifacio

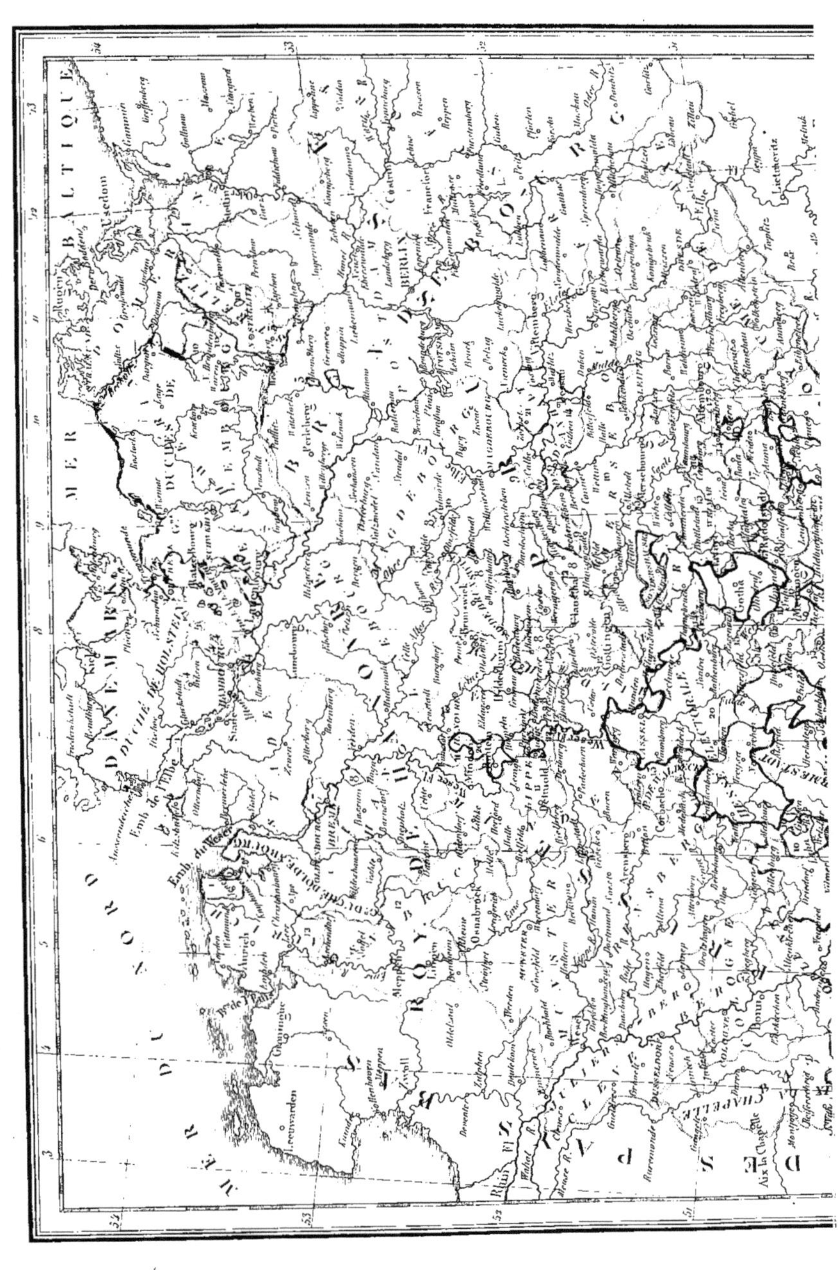

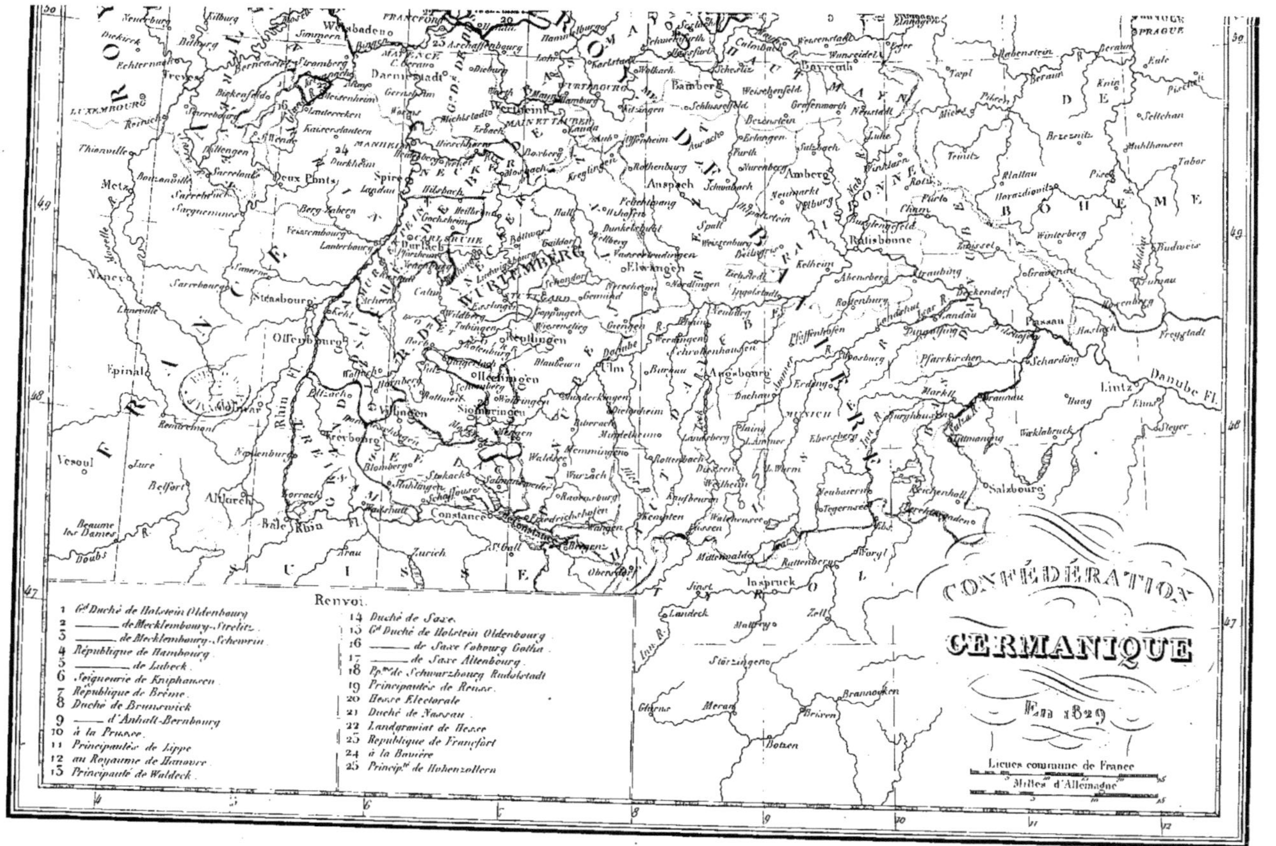

CONFÉDÉRATION GERMANIQUE
En 1829
Lieues communes de France
Milles d'Allemagne
Renvoi.
1 G.d Duché de Holstein Oldenbourg
2 ————— de Mecklembourg-Strelitz
3 ————— de Mecklembourg-Schewrin
4 République de Hambourg
5 ————— de Lubeck
6 Seigneurie de Kniphausen
7 République de Brême
8 Duché de Brunswick
9 ————— d'Anhalt-Bernbourg
10 à la Prusse
11 Principautés de Lippe
12 au Royaume de Hanovre
13 Principauté de Waldeck
14 Duché de Saxe
15 G.d Duché de Holstein Oldenbourg
16 ————— de Saxe Cobourg Gotha
17 ————— de Saxe Altenbourg
18 P.pté de Schwarzbourg Rudolstadt
19 Principautés de Reuss
20 Hesse Electorale
21 Duché de Nassau
22 Landgraviat de Hesse
23 République de Francfort
24 à la Bavière
25 Princip.té de Hohenzollern

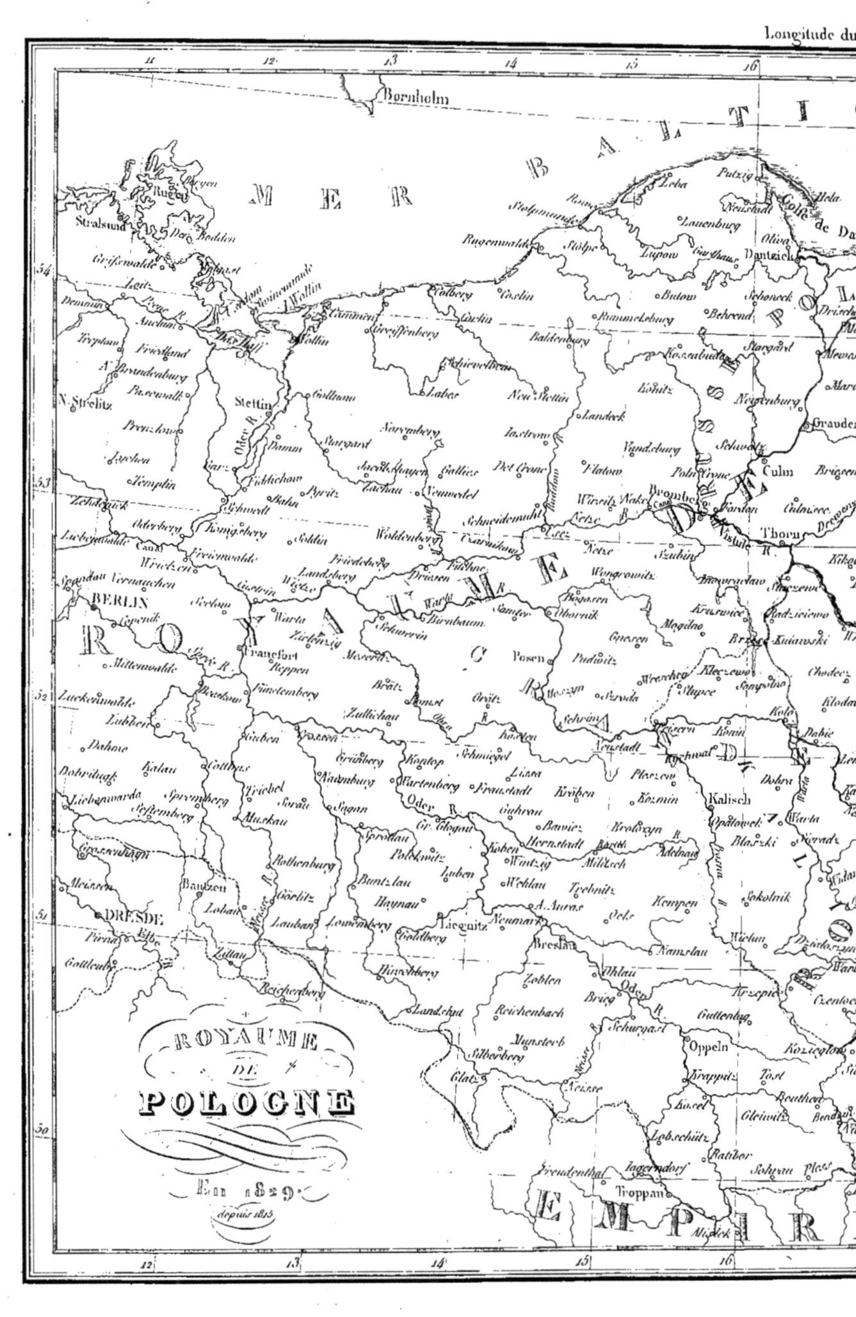

Longitude du

Bornholm

MER BALTI...

Rügen
Stralsund
Greifswalde
Demmin
Treptow
Friedland
N. Brandenburg
N. Strelitz
Prenzlow
Lychen
Templin
Zehdenick
Liebenwalde
Spandau Vernauchen
BERLIN
Copenik
Mittenwalde
Luckenwalde
Lübben
Dahme
Dobrilugh
Kalau
Cottbus
Spremberg
Jessenberg
Liebenwarda
Grossenhayn
Meissen
Bautzen
DRESDE
Pirna
Gottleub

Stolpmunde
Rügenwalde
Stolpe
Colberg
Coslin
Cammin
Curlin
Baldenburg
Rummelsburg
Bütow
Schöneck
Neustadt
Lauenburg
Lupow
Gr. Glaus
Dantzick
Oliva
Leba
Putzig
Hela
Golfe de Da...

Wollin
Stettin
Damm
Stargard
Pyritz
Bahn
Bärwalde
Küstrin
Warta
Zielenzig
Francfort
Reppen
Meseritz
Brätz
Zullichau
Grünberg
Krossen
Neudamm

MER
Kirchenberg
Schievelbein
Labes
Neu Stettin
Narvenberg
Jacobshagen
Dramburg
Falkenberg
Neuwedel
Schneidemühl
Czarnikau
Filehne
Driesen
Birnbaum
Schwerin
Posen
Pudiwitz
Kosten
Schmiegel
Lissa
Fraustadt
Pleschen

Landeck
Jastrow
Platow
Det Crone
Wirsitz
Nakel
Netze
Schubin
Wongrowitz
Bojanow
Obornik
Gnesen
Mogilno
Wreschen
Schrim
Neustadt
Kröben
Krotoszyn
Bawicz
Guhrau
Hernstadt
Winzig
Rawitz
Milisch
Trebnitz
Oels
A. Auras

Rosenbude
Schwetz
Könitz
Neuenburg
Vandsburg
Poln Crone
Bromberg
Fordan
Vistule
Thorn
Inowraclaw
Kruswice
Brzesc Kuiawski
Kleczewo
Slupce
Konin
Kozmin
Kalisch
Opatowek
Blaszki
Warta
Sieradz
Sokolnik
Kempen
Wielun

POMERANIE
Schöneck
Dirschau
Stargard
Newer
Mari...
Grauden...
Culm
Briesen
Culmsee
Drewenz
Kikol
Radziejewo
Chodec
Kolo
Klodaw
Dabie
Dobrn
Warta

Haynau
Lauban
Lowenberg
Goldberg
Hirschberg
Reichenberg
Landshut
Glatz
Silberberg
Münsterb.
Reichenbach
Schweidnitz
Frankenstein
Neisse
Freudenthal
Jägerndorf
Troppan

Lüben
Steinau
Polkwitz
Gr. Glogau
Kontop
Wartenberg
Sagan
Sprottau
Rothenburg
Buntzlau
Liegnitz
Neumark
Breslau
Ohlau
Brieg
Oder R.
Zoblen
Oels
Namslau
Schurgast
Oppeln
Krappitz
Kosel
Lobschütz
Ratibor

Oder R.
Guttentag
Tost
Beuthen
Gleiwitz
Krzepic
Czenstoc...
Wielun

ROYAUME DE POLOGNE
En 1829
depuis 1815

EMPIRE

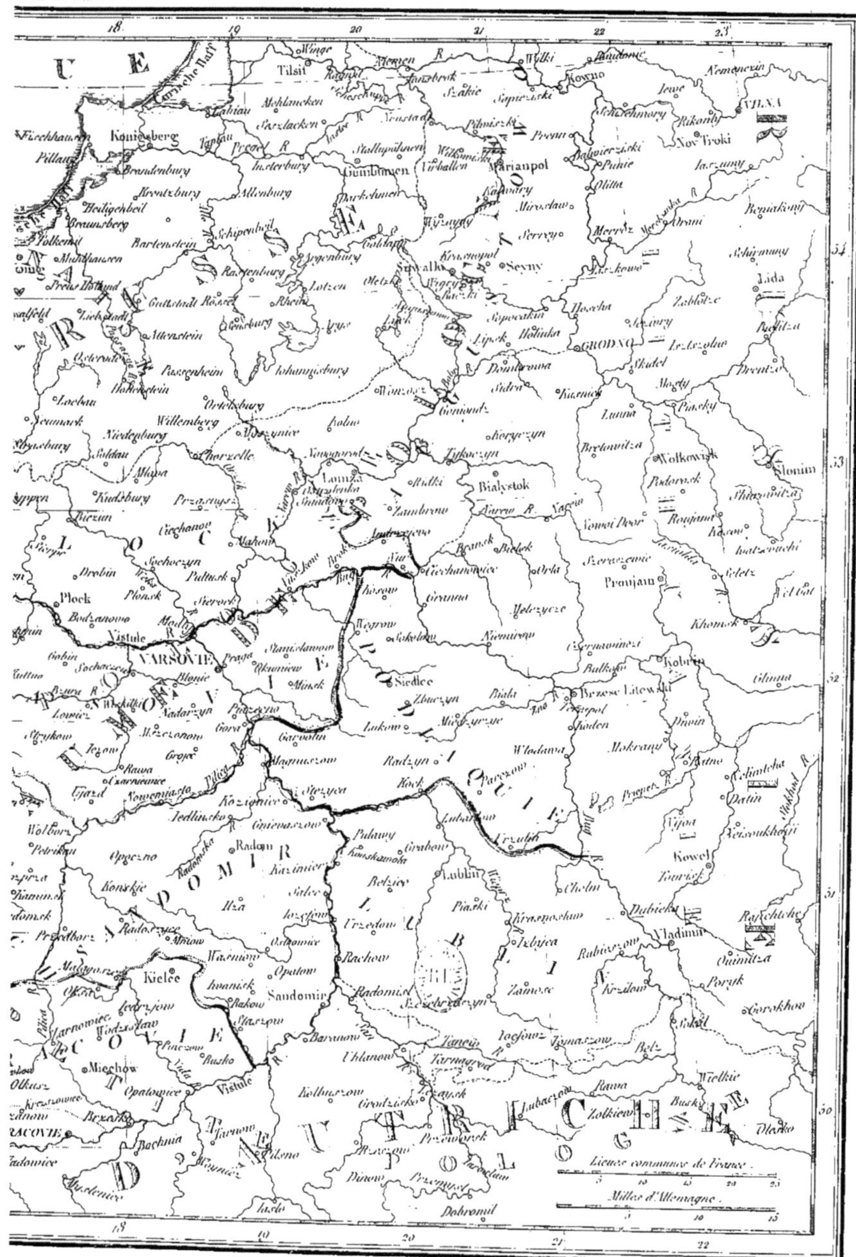
18 19 20 21 22 23
U E
Corische Haff
Winge
Tilsit
Ragnit
Merzen R
Wulki
Szandomie
Nemenexin
Kowno
Jewe
Schedarpe
Szakie
Sapierski
Pilmiszki
Preun
Schirchmory
Pikonty
VILNA
Fischhausen
Königsberg
Tapiau
Preg R
Stallupöhnen
Neustad
Wirballen
Balvierziski
Punie
Nov Troki
Jasizuny
Pillau
Brandenburg
Insterburg
Darkehmen
Gumbinnen
Mariampol
Kalvary
Olitta
Kreutzburg
Allenburg
Miroslaw
Beniakony
Heiligenbeil
Braunsberg
Schipenbeil
Argenburg
Goldap
Wizayny
Serzyy
Merziz
Merzenka
Drani
Frauenburg
Bartenstein
Krasnopol
Schirmany
Lida
Preus Holland
Guttstadt Rössel
Rheim
Suvalki
Seyny
Lyckowo
Liebstadt
Ostervode
Allenstein
Gilenburg
Lyc
Augustowo
Lipsk
Holinka
Neschla
Zablot
Ivry
Bielitza
Passenheim
Johannisburg
Sidra
Kuenice
Mogty
Drentzi
Laebau
Hollenstein
Ortelsburg
Bionsor
GRODNO
Lieschouw
Neumark
Willemberg
Kolno
Gorzezyn
Lunna
Piasky
Soldau
Mszynie
Novogorod
Zykoczyn
Bretonvitza
Wolkowisk
Slonim
Niedenburg
Lomza
Podorosk
Hazurka
Strysberg
Kudsburg
Przasnysz
Stnudow
Bialystok
Novoi Dvor
Roujanv
Kosow
Seletz
Ciechanov
Mahon
Zambrow
Surew R
Vacen
Szereszewie
Sochoczyn
Drobin
Pultusk
Andrzejewo
Branck
Bielek
Orla
Prevjanv
Plock
Plonsk
Sierock
Nur
Ciechanowiec
Granna
Germanowiez
Khomsk
Bodzanowo
Modlin
Kossow
Melezyeze
Vistule
Niemirow
Gobin
Sochaczew
VARSOVIE
Praga
Stanislawow
Oxeniew
Bulkow
Kobrin
Gilinna
Kuttno
Lowicz
Blonie
Minsk
Siedlee
Zbuczyn
Biala
Brzesc Litewski
Pinvin
Strykow
Nadarzyn
Piaszezno
Lukow
Miedzyrzac
Tiraspol
Froden
Jezow
Mezezonow
Gora
Garvolin
Wlodawa
Mokrany
Datin
Rawa
Grojec
Magnuszow
Radzyn
Pareczow
Propet
Celimteha
Ujard
Czarnecince
Pilca
Kock
Datin
Nowemiasto
Gniewaszow
Lubartow
Vijoa
Zeisoukhovi
Wolbor
Jedlincko
Pulawy
Graben
Przedih
Kowel
Petrikau
Opoczno
Radom
Kazimierz
Belziev
Lublin
Chelm
Zaurick
Konskje
Ilza
Joszovi
Piaski
Krasnoshaw
Dubiekie
Raszchtche
Przedborz
Radoszyce
Opatow
Urzedow
Izbica
Rubiezow
Vladimir
Ouinitza
Malagoszez
Kielce
Iwanick
Rachow
Zamosc
Krzilow
Poryk
Olkusz
Jedrzejow
Rakow
Sandomir
Radomisl
Szezebrzeszyn
Tikol
Gorokhow
Carnowiec
Godzislaw
Pincezow
Baranow
Tanew
Josfowz
Tymaszow
Belz
Miechow
Busko
Uhlanow
Tarnogrod
Rawa
Wielkie
Opatowice
Vistule
Kolbuszow
Girodzieskv
Lubaczow
Czolkiew
Olesko
RACOVIE
Brzesko
Tarnow
Przeworsk
DOLOG
Wadowice
Bochnia
Wojnicz
Pilzno
Rzeszow
Dinow
Przemysl
Jaslo
Dobromil
Lieues communes de France
Milles d'Allemagne
54 53 52 51 50
18 19 20 21 22

ROYAUME DES PAYS-BAS En 1829.
MER DU NORD
ZUIDER-ZEE
HANOVRE
Gd DUC
HOLLANDE
GUELDRES
DRENTE
OVERYSSEL
UTRECHT
FRISE
Norderney
Juist
Borkum
Rottum
Schiermonnik Oog
Ameland
Ter Schelling
Vlieland
Texel
Helder
Wieringen
Schagen
Alkmaar
Hoorn
Enkhuisen
Medenblik
Purmerend
Edam
Beverwyk
Monnikendam
Haarlem
AMSTERDAM
Muiden
Naarden
le Rhin
Leide
LA HAYE
Delft
Gouda
Montfort
Utrecht
Amersfoort
Naerden
Meuse R.
ROTTERDAM
Brielle
Voorne
Over Flakkee
Schouwen
Dordrecht
Gertruidenberg
Willemstad
Zevenbergen
Bois le Duc
Bouches de l'Ems
Fandem
Ems
Delfsyl
Appingadam
Zoltkamp
Dokkum
Groningue
Leeuwarden
Francker
Bolsward
Dragten
Ida
Assen
Heerenveen
Meppel
Steenwyk
Koevorden
Meppen
Lingen
Zwoll
Kampen
Genemuiden
Hardenberg
Hasselt
Raalte
Holten
Deventer
Goor
Enschede
Bentheim
Rhine
Ootmarsum
Oldenzaal
Zutphen
Lochem
Groenlo
Borkuld
Doesborg
Arnheim
Wageningen
Emmerik
Rees
Kleef
Wesel
Xanten
Dorsten
Lippe R.
Halteren
Dulmen
Nimegue
Grave
Ravenstein
Gennep
Goch
Thiel
Wyk by Duerstede

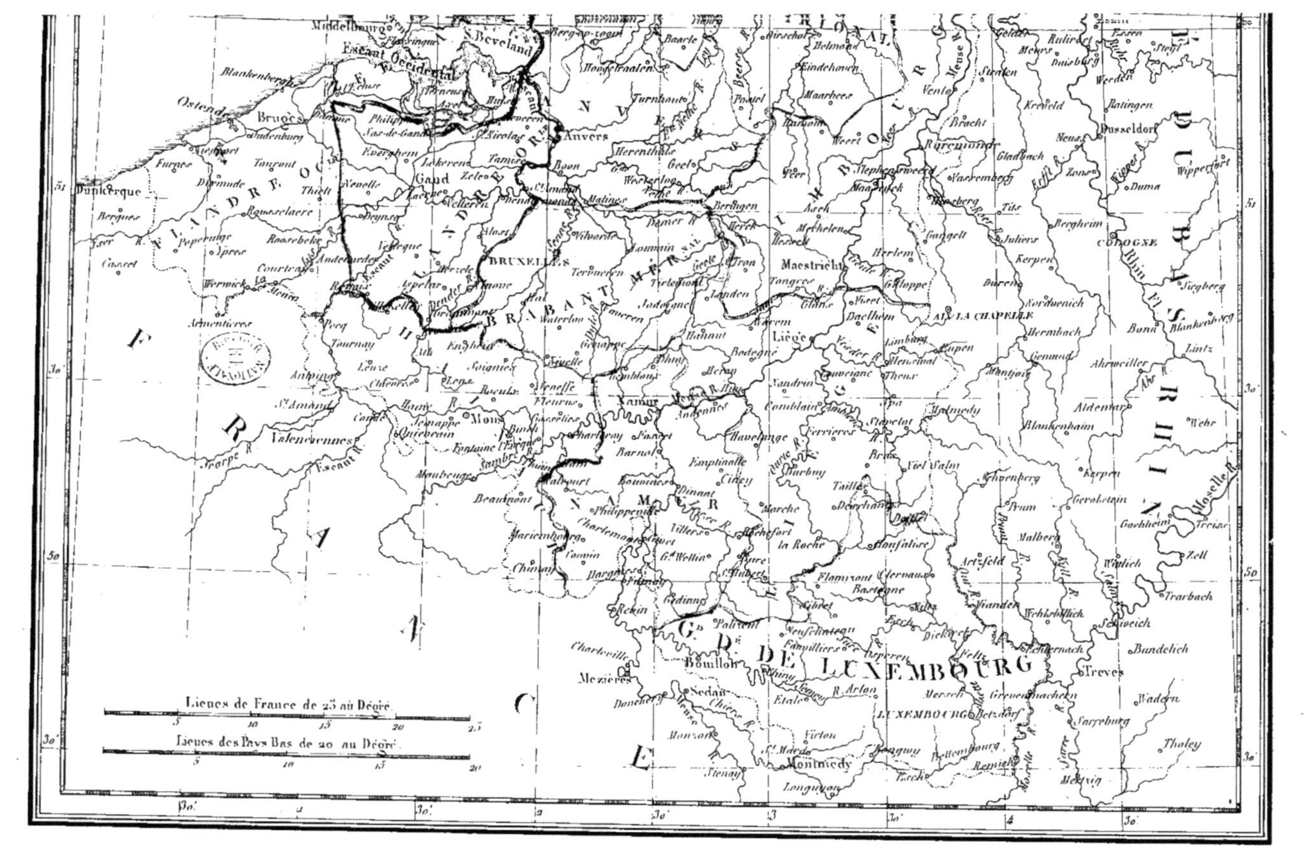

Lieues de France de 25 au Dégré.
Lieues des Pays Bas de 20 au Dégré.

www.ingramcontent.com/pod-product-compliance
Ingram Content Group UK Ltd.
Pitfield, Milton Keynes, MK11 3LW, UK
UKHW020913140726
13695UKWH00006B/2510